평범한 사람이 세상을 바꾼다 2
나는 제인 구달이야!

펴낸날 초판 1쇄 2018년 4월 10일 | 초판 3쇄 2023년 1월 30일
지은이 브래드 멜쳐 | **그린이** 크리스토퍼 엘리오풀로스 | **옮긴이** 마술연필 | **펴낸이** 신형건 | **펴낸곳** (주)푸른책들 | **등록** 제321-2008-00155호
주소 서울특별시 서초구 양재천로7길 16 푸르니빌딩 (우)06754 | **전화** 02-581-0334~5 | **팩스** 02-582-0648
이메일 prooni@prooni.com | **홈페이지** www.prooni.com | **카페** cafe.naver.com/prbm | **블로그** blog.naver.com/proonibook
ISBN 978-89-6170-648-3 74990

ORDINARY PEOPLE CHANGE THE WORLD: I AM JANE GOODALL by Brad Meltzer, illustrated by Chris Eliopoulos
Text Copyright © 2016 by Forty-four Steps, Inc.
Illustrations copyright © 2016 by Christopher Eliopoulos
All rights reserved.
This Korean edition was published by Prooni Books, Inc. in 2018 by arrangement with Brad Meltzer and Chris Eliopoulos c/o Writers House LLC through KCC(Korea Copyright Center Inc.), Seoul.

이 책은 (주)한국저작권센터(KCC)를 통한 저작권자와의 독점계약으로 (주)푸른책들에서 출간되었습니다.
저작권법에 의해 한국 내에서 보호를 받는 저작물이므로 무단전재와 복제를 금합니다.

＊잘못된 책은 구입한 곳에서 바꾸어 드립니다.
＊이 책 내용의 일부 또는 전부를 재사용하려면 반드시 저작권자와 (주)푸른책들 양측의 서면 동의를 얻어야 합니다.
＊이 도서의 국립중앙도서관 출판시도서목록(CIP)은 서지정보유통지원시스템 홈페이지(http://seoji.nl.go.kr)와
국가자료공동목록시스템(http://www.nl.go.kr/kolisnet)에서 이용하실 수 있습니다. (CIP제어번호:CIP2018004533)
＊보물창고는 (주)푸른책들의 유아·어린이·청소년 도서 전문 임프린트입니다.

 (주)푸른책들은 도서 판매 수익금의 일부를 초록우산 어린이재단에 기부하여
어린이들을 위한 사랑 나눔에 동참합니다.

평범한 사람이 세상을 바꾼다

나는 제인 구달이야!

브래드 멜처 글 | 엘리오풀로스 그림 | 마술연필 옮김

보물창고

다섯 살이 되었을 때,
난 닭들이 어떻게 알을 낳는지
너무 궁금한 나머지, 할머니 댁
닭장에 기어 들어갔어.
 하지만 닭들이 나를 무서워하는
바람에 아무것도 볼 수 없었지.

그래서 난 닭장 구석에 쌓인 짚 더미 속에 쭈그리고 숨었어.
 닭들이 도망갈까 봐 꼼짝도 못 했지만 끈기 있게 기다렸지.

동물은 물론이고, 난 모든 자연을 사랑했어.
난 밤나무에는 '누키', 너도밤나무엔 '비치'라고 이름 붙여 주었어.
비치는 내가 가장 좋아하는 나무였지.

고마워, 비치.
네 가지에 앉아
책을 읽을 수 있게
해 주어서.

오, 내가 사랑하는 또 한 가지는
바로 책을 읽는 거였단다.

그 당시, 우리 가족은 그렇게 풍족하지 못해서 책을 읽으려면 도서관에 가야 했지.
그런데 일곱 살 때 읽은 책이 내 인생을 바꿔 놓았어.

그 책은 〈돌리틀 선생님 이야기〉였어.
난 그 책을 읽고, 또 읽고, 도서관에 반납하기 전에 마지막으로 또 한 번 읽었지.
그건 동물과 말할 수 있는 한 남자의 이야기였단다.

그 책에 나오는 앵무새가 말해 준 건데, 동물들과 이야기를 나누려면 "관찰하는 힘"이 필요하대.
하지만 무엇보다도 내게 인상 깊었던 부분은 돌리틀 선생님이 쫓기다가 절벽에 다다르는 부분이었지.

어떻게 저쪽으로 건너가지?

바로 그때, 원숭이들이 손으로 서로의 꼬리를 잡고는 다리가 되어 주었어.
정말 아름답지 않니?
다 같이 힘을 합치면 멋진 일을 해낼 수 있다는 사실이!

그 책을 읽은 뒤, 나는 언젠가 아프리카로 가서 동물들과 함께 살겠다고 다짐했지.

시간이 흘러 열두 살이 되었을 때, 난 '엘리게이터 클럽'이라는 자연 모임을 만들었어.
  난 친구들과 함께 돈을 모아 늙은 말들을 돕고, 자연 속을 돌아다니면서 우리가 본 것들을 기록했어. (적어도 난 그렇게 했지.)
  우리 모임에서 대장을 맡고 싶다면······

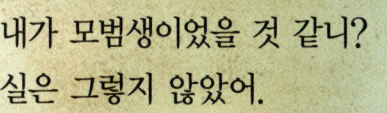

내가 모범생이었을 것 같니?
실은 그렇지 않았어.
학교에 다닐 때, 난 아침 일찍 일어나는 걸 힘들어했고,
교실에 가만히 있는 것도 싫어했지.
하지만 야외 수업이 있을 때나, 특히 동물들과 함께라면 늘 신이 나곤 했어.

내가 얼마나 많은 동물들을 돌봤게?

한쪽 다리를 잃은 도마뱀 이보르,

기니피그 간디와 지미,

1, 2, 3 번호를 그려 넣은 경주용 달팽이,

고양이 피클,

햄스터 해믈렛,

카나리아 피터,

아차, 가장 사랑하는 러스티를 빼놓으면 안 되지. 잠옷을 좋아하는 우리 집 개야.

멍멍!

잠옷을 하도 좋아해서 잠옷 회사 이름을 붙였지.

난 동물에 대해 더 많은 걸 배울 수 있는 직업을 가지고 싶었어.
하지만 그때 사람들은 여자아이는 과학자가 될 수 없다고 생각했지.
그러곤 여자아이에겐 간호사, 비서, 교사 같은 직업이 어울린다고 말했어.

난 아프리카에 가고 싶었어.
거기서 동물을 연구하고 싶었지.
다행히 우리 엄마는 늘 이렇게 말했어.

네가 진정으로 원하는 게 있다면 열심히 노력하렴.

포기하지 않는다면 길을 찾을 수 있단다.

난 그 말을 절대 잊지 않았어.
곧 내게 기회가 찾아왔지.
내 친구가 자신의 고향인 케냐로 날 초대한 거야!

여행 갈 돈을 모으기 위해 나는 가게 종업원으로 일했고 그 돈을 카펫 밑에 숨겨 모았어.
어느 날, 나는 커튼을 모두 친 뒤 돈을 세어 보았지. 그리고……

그때 비로소 내 꿈이 이루어진 걸 깨달았어.
마침내 난 돌리틀 선생님처럼 아프리카에 온 거야.

　리키 박사는 사람들이 어떻게 사는지 연구하는 인류학자이자 화석과 뼈를 연구하는 고생물학자이기도 했어.
　처음에 그는 나를 비서로 고용했어.
　하지만 리키 박사는 곧 내가 그의 애완동물들을 비롯해 동물들을 얼마나 좋아하는지 알고 크게 감동했지.

마침내 리키 박사는 내게 침팬지를 가까이에서 연구하는 일을 맡지 않겠느냐고 제안했어.
숲에서 머무는 건 몹시 힘들 거라고도 했지. 아주 위험하다고.
하지만 우리가 침팬지들이 어떻게 사는지 알게 된다면 우리 조상들이 어떻게 살았는지도 더 잘 알 수 있을 거라고 했어.

1960년 7월 16일. 난 결코 그날을 잊을 수 없단다.
아프리카 탄자니아에 있는 곰베 국립 공원에 내가 처음 발을 들인 날이야.
스물여섯 살 때였지. 마침내 난 침팬지들의 집에 도착했어.

내 인생을 완전히 바꾼 장소였지.

여러 달 동안, 난 침팬지들에게 가까이 다가가려고 애썼지만 침팬지들은 늘 도망가 버렸어.
그래서 난 혼자 탐험하기 시작했어.
나 혼자만.
난 높은 곳에 올라가 쌍안경으로 아래를 내려다보았지.

내 비법은 이런 거였어.
인내심을 가질 것.
그들이 어떻게 사는지 배울 것.
천천히 조금씩 가까이 다가갈 것.

드디어, 난 침팬지 대여섯 마리가 함께 어울리는 걸 볼 수 있었어.
암컷 침팬지는 새끼 침팬지와 함께 있었고, 수컷 침팬지는 수컷들끼리 어울렸지.
침팬지들은 아무 생각이 없는 동물이 아니었어.
그건 분명 하나의 공동체였으니까.

빽빽한 수염을 가진 커다란 수컷 침팬지였어.

나는 그 침팬지에게 이름을 지어 주었어.
그 당시에 사람들은 내게 동물 연구에는 '정해진 방식'이 있다고 말했어.
침팬지에게 이름을 지어 주는 것은 그 방법이 아니었지.
사람들은 동물들에게 이름이 아닌 번호를 붙여 주었거든.
왜일까?
그들은 동물들도 저마다 성격과 감정이 있다고 생각하지 않았어.
동물들에게 이름을 지어 주는 건 동물과 인간을 똑같이 여기는 일이라고 생각했지.

누구도 깨닫지 못했던 거야.
침팬지가 우리랑 다르지 않다는 걸.
그날 데이비드 그레이비어드는
내 땅콩과 바나나를 가져갔어.

한 달이 지나자
내 손에 있는 음식을
가져갔어!

나중에는 숲에서 나온 그레이비어드가 천천히 다가와 내 주머니에 바나나가 있는지 확인하곤 했어.
정말 자랑스러운 순간이었어. 다른 침팬지들도 이젠 내가 위험하지 않다는 걸 알게 되었지.

난 침팬지들의 친구였어.

침팬지들도 내 친구였지.

시간이 흐르면서 난 침팬지들 하나하나를 보다 잘 이해하게 되었어.

데이비드는 차분한 성격이었어. 욕심이 많았지만 말이야.

골리앗은 쉽게 흥분했어.

윌리엄은 부끄럼쟁이였어.

늙은 플로는 강한 엄마였지. 항상 딸과 아들을 데리고 다녔어.

그들을 지켜보던 중 난 엄청난 사실을 발견했어. 어느 날, 데이비드 그레이비어드가 가지에서 이파리를 모두 떼어 내서는, 그 막대기로 흰개미 둔덕을 찔러 대고 있었어.

그건 단지 나뭇가지를 도구로 쓴 게 아니라, 도구를 만든 것이었단다.

이전에 과학자들은 오직 인간들만 도구를 만들 수 있다고 생각했어. 이젠 동물들도 지능이 있다는 사실을 누구도 의심하지 않지.

밤마다 난 내가 관찰한 것들을 일기로 썼어.
매일매일 난 침팬지들이 우리 인간들처럼 행동하는 걸 봤지.

손 잡기

간지럼 태우기

키스하기

토닥토닥 위로하기

더 많이 관찰할수록 난 더 많이 배웠지.
더 많은 정보를 얻게 되자 녹음기가 필요하게 됐어.
숲에 있는 다른 침팬지 가족들을 관찰하기 위해 조수들도 필요했지.
6년 뒤, 메모지와 쌍안경으로 시작했던 이곳은 커다란 연구 센터가 되었단다.
난 그곳의 책임자가 되었지.

정말 멋지지 않아?
우리가 함께 무엇을 만들었는지 좀 봐!

우리가 탄자니아에서 했던 연구 덕분에
오늘날 전 세계 사람들은 동물들도 각자의 성격이 있고
서로 복잡한 관계를 맺는다는 사실을 알게 됐어.

네 삶에서 다른 사람이 너와 얼마나 '다른지' 아는 것은 쉬운 일이야. 하지만 반대로 서로가 얼마나 비슷한지 알려고 노력한다면, 우린 더 많은 것을 얻을 수 있을 거야.

우리 모두와 살아 있는 모든 것들은 많은 것을 함께 나누고 있단다. 우리에겐 많은 공통점이 있지.

그걸 깨닫고 서로를 보살피려고 한다면……

나는 제인 구달이야.
나는 우리 모두에게 닮은 점이 참 많다는 걸 알아.

지켜보고, 관찰해 봐. 인내심을 가지고.
그러면 넌 알게 될 거야.
우리만이 이 지구의 주인은 아니란 것을.
우리는 함께 살아가고 있어.

"우리는 주변 세상에 영향을 끼치지 않고서는
단 하루도 그냥 지나칠 수 없다.
당신이 하는 행동이 차이를 만든다.
그러므로 당신은 어떤 차이를 만들 것인지
결정해야만 한다." −제인 구달

일대기

1934년 4월 3일	1941년 11월	1957년	1960년 7월 16일	1960년 11월 4일
영국 런던에서 태어나다.	휴 로프팅이 쓴 〈돌리틀 선생님 이야기〉를 읽다.	처음으로 아프리카에 가서 루이스 리키 박사를 만나다.	탄자니아 곰베 국립 공원에서 첫날을 보내다.	데이비드 그레이비어드가 나뭇가지를 도구로 쓰는 모습을 관찰하다.

인형 주빌리와 함께한 어린 시절

데이비드 그레이비어드와 함께 있는 제인 (1960년대)

리키 박사와 제인

뿌리와 새싹 회원들과 제인

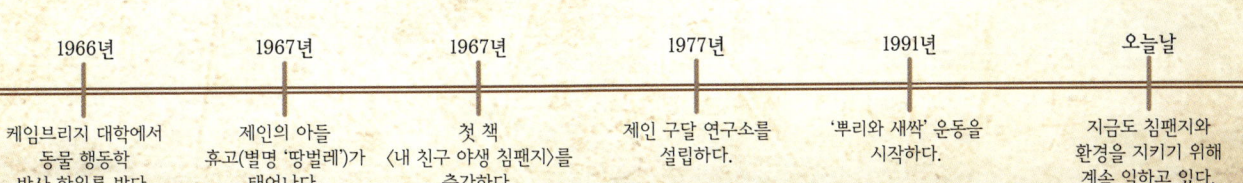

1966년 — 케임브리지 대학에서 동물 행동학 박사 학위를 받다.

1967년 — 제인의 아들 휴고(별명 '땅벌레')가 태어나다.

1967년 — 첫 책 〈내 친구 야생 침팬지〉를 출간하다.

1977년 — 제인 구달 연구소를 설립하다.

1991년 — '뿌리와 새싹' 운동을 시작하다.

오늘날 — 지금도 침팬지와 환경을 지키기 위해 계속 일하고 있다.

그래픽 위인전 〈평범한 사람이 세상을 바꾼다〉 시리즈는 아주 평범한 사람이었지만 마침내 모두의 영웅이 된 인물들의 일생을 담은 책으로, 어린이들이 '나도 할 수 있다'는 소중한 꿈을 품도록 해 줍니다.

❶ 나는 헬렌 켈러야!

헬렌 켈러는 어렸을 때 병을 앓는 바람에 시력과 청력을 모두 잃고 말았어요. 하지만 포기하지 않고 앤 설리번 선생님의 도움을 받아 사람들과 소통하는 법을 배웠답니다. 헬렌은 시각 청각 장애인 최초로 대학을 졸업했고, 장애인을 비롯해 부당한 일을 겪는 사람들을 돕는 사회 운동가가 되었어요.

❷ 나는 제인 구달이야!

제인 구달은 어렸을 때부터 동물을 좋아했어요. 그 당시 사람들은 여자는 과학자가 될 수 없다고 생각했지만, 제인은 용감하게 아프리카로 가서 야생 침팬지를 연구했어요. 그 결과, 동물에 대한 사람들의 생각을 완전히 바꿔 놓았지요. 제인은 세계에서 제일 중요한 과학자이자 환경 운동가랍니다.

❸ 나는 마틴 루서 킹이야!

평범하고 장난기 많은 아이였던 마틴 루서 킹은 흑인에 대한 차별로 마음에 큰 상처를 받았어요. 하지만 좌절하지 않고 인종 차별에 맞서 평화적으로 싸우기로 마음먹었답니다. 마틴은 자신이 가진 '힘 있는 말'로 사람들의 마음을 사로잡아 평화적인 시위를 이끌었고, 마침내 세상을 바꿔 놓았지요.

❹ 나는 아인슈타인이야!

아인슈타인은 태어났을 때부터 머리가 너무 컸고, 말을 잘 못해 놀림을 당했으며, 성적도 별로 뛰어나지 않았어요. 하지만 아인슈타인은 세상을 보는 자기만의 방식이 있었지요. 호기심이야말로 아인슈타인이 마침내 우주의 비밀을 풀고, 20세기 세계 최고의 과학자가 된 비결이랍니다.

❺ 나는 로자 파크스야!

로자 파크스는 그저 평범한 재봉사였어요. 어렸을 때부터 몸집도 작고 자주 아팠지만, 부당한 일에 당당히 맞서는 용기가 있었지요. 흑인인 로자가 버스에서 백인에게 자리 양보하는 걸 거부했을 때, 이는 자신의 신념을 지키기 위한 작은 행동이었지만 세상에 엄청난 변화를 불러왔지요.

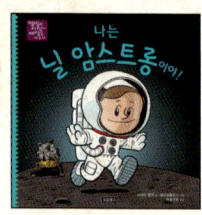

❻ 나는 닐 암스트롱이야!

겁이 많던 아이는 큰 나무에 오르다 그만 떨어지고 말았어요. 하지만 목표를 향해 한 발 한 발 내딛는 방법을 배우게 되었지요. 그리고 숱한 좌절을 겪으면서도 계속 도전하여, 마침내 인류 최초로 달을 밟았어요. 수십 년이 지난 지금까지도 모두 기억하는 그 위대한 이름은 바로 '닐 암스트롱'입니다.

❼ 나는 간디야!

간디는 스스로를 작고 깡마르며, 볼품없고 수줍음 많은 사람이었다고 말했어요. 하지만 결코 약한 사람은 아니었지요. 간디는 온갖 차별과 핍박 속에서도 평생 동안 침착하고 꾸준하게 비폭력 저항 운동을 펼쳤어요. 그리하여 인도를 위해 모든 것을 바꾸고, 전 세계 시민권 운동에 큰 영향을 주었지요.

❽ 나는 마리 퀴리야!

최초로 노벨상을 받은 여성, 최초로 두 분야에서 노벨상을 받은 과학자! 그 업적만으로도 사람들을 깜짝 놀라게 하는 마리 퀴리는 "내가 해야 할 일은 내가 사랑하는 것을 쫓는 것"뿐이라고 말합니다. 마리 퀴리가 남긴 방사선 연구 결과는 오늘날 암을 치료하는 데 중요한 역할을 하고 있지요.

❾ 나는 안네 프랑크야!

제2차 세계 대전 중 나치의 박해를 피해 숨어 지내는 동안, 자신의 삶을 솔직하게 일기로 기록한 유대인 소녀 안네 프랑크. 전쟁과 죽음의 두려움 속에서도 용기와 희망을 잃지 않고 꿈과 자유를 갈망했던 안네의 모습과 진솔한 고백은 오늘날에도 전 세계 사람들에게 깊은 감동을 줍니다.

❿ 나는 다빈치야!

르네상스 시대의 예술가이자 발명가인 다빈치는 어디에 이끌리든 항상 자신의 관심사를 따랐지요. 비행에 대한 탐구로 다빈치는 새의 날개를 연구하였고, 그의 발명 디자인은 헬리콥터와 비행 기계에 대한 최초의 스케치가 되었지요. 최고의 명화 '모나리자'와 더불어 그는 영원히 기억될 것입니다.

브래드 멜처

〈뉴욕 타임스〉 베스트셀러 작가인 브래드 멜처는 아빠로서 자신의 딸과 아들의 영웅이기도 합니다. 위인전 시리즈 〈평범한 사람이 세상을 바꾼다〉를 썼으며, 어른을 위한 소설도 많이 썼지요. 그뿐만 아니라, 텔레비전 역사 채널에서 여러 프로그램의 사회자로도 활동하고 있습니다. (참, 알고 있었나요? 이 위인전 시리즈에는 책마다 그림 속에 작가 브래드 멜처가 숨어 있다는 사실 말이죠.)

크리스토퍼 엘리오풀로스

마블 코믹스에서 그림을 그리기 시작한 엘리오풀로스는 수천 권의 만화책을 만드는 데 참여했습니다. 그리고 만화계에서 매우 권위 있는 '하비 상'을 받기도 했어요. 위인전 시리즈 〈평범한 사람이 세상을 바꾼다〉를 비롯하여 많은 어린이 책을 직접 쓰고 그렸습니다.

마술연필

어린이와 청소년을 위해 유익하고 감동적인 글을 쓰고 책을 펴내는 아동청소년문학 기획팀입니다. 호기심과 상상력이 풍부한 아동청소년문학 작가·번역가·편집자가 한데 모여, 지혜와 지식이 가득한 보물창고를 만들기 위해 애쓰고 있습니다. 지은 책으로 『루이 브라이, 손끝으로 세상을 읽다』, 『우리 조상들은 얼마나 책을 좋아했을까?』, 엮은 책으로 『자연에서 만난 시와 백과사전』, 『1학년 이솝우화』, 『1학년 전래동화』, 옮긴 책으로 『재미있는 내 얼굴』, 『화가 날 땐 어떡하지?』, 『마음에 상처 주는 말』, 〈평범한 사람이 세상을 바꾼다〉 시리즈 등이 있습니다.